Die Zeit, in der Usain Bolt der Welt davonlief

Demian Baldvin

DIE ZEIT, IN DER USAIN BOLT DER WELT DAVONLIEF

1. Auflage 2018

Lektorat:
Anke Muckel, Dortmund

© 2018
Herstellung und Verlag:
BoD – Books on Demand, Norderstedt

ISBN:
978-3-7481666-9-6

Demian Baldvin (33), Schriftsteller aus Freiburg, Schweiz.

»Als ich mich für den 100-Meter-Lauf zu interessieren begann, gab es beim Weltrekord noch diese Hundertstelgeschichten: Carl Lewis 9.86; Leroy Burrell 9.85; Donovan Bailey 9.84. Der Sprint war, so glaubte ich, auf einem so hohen Niveau angekommen, dass die Bestzeit, wenn überhaupt, nur noch unwesentlich verbessert werden konnte. Zwar war Ben Johnson schon außerirdische 9.79 gelaufen, aber eben nur dank seiner muskelbildenden Steroide. Der menschliche Körper stieß an seine Grenzen. Da tauchte plötzlich ein schlaksiger junger Kerl auf, von dem ich zunächst nicht wusste, wie man seinen Vornamen ausspricht: Usain Bolt. Und machte dieses kleinliche Senken der Bestmarke samt ihrer Läufer lächerlich. 9.72; 9.69; 9.58. Nachdem sie das Wasser zuvor mit dem Löffel aus dem Brunnen genommen hatten, kam Bolt und tauchte einen Becher hinein.«

Hans Blume (42), Sozialarbeiter aus Berlin-Pankow, Deutschland.

»Durch Usain Bolt haben sich bei mir zwei Ansichten geändert, nämlich jene über Leichtathleten und jene über Jamaika.

Auf meinem Gymnasium waren die Leichtathleten richtige Spießer. Ernste Typen, die pflichtbewusst trainierten. Typen, die die Finger von Alkohol ließen. Typen, denen es nicht genügte, im Sport gut zu sein, sie mussten auch in Mathe brillieren.

Zur gleichen Zeit galt Jamaika bei mir als so etwas wie der Gegenentwurf zur verbissenen Leichtathletik. Eine Insel der Ruhe und Gelassenheit. Dort lagen sie in Hängematten am Strand, hörten Bob Marley und kifften.

Heute denke ich sowohl bei Leichtathletik als auch bei Jamaika zuerst an Usain Bolt, was irgendwie schräg ist, bei den höchst gegensätzlichen Konzepten aus meiner Jugend, die ich immer noch ein wenig in mir trage. Aber Bolt zeigte mir, dass auch Leichtathleten ganz lockere Typen sein konnten, und dass Jamaika aus mehr als Cannabis-Dunst und Reggae-

Rhythmen bestand. Ich denke, das gereichte beiden zum Vorteil.«

Shamim Mehedi (78). Ziegenhirte aus Bangladesch.

»Usain Bolt ... Nein, das sagt mir nichts. Den Namen hab ich noch gar nie gehört. Hat der was erfunden? Wissen Sie, ich interessiere mich nicht für die Angelegenheiten anderer, und schon gar nicht für berühmte Leute. Ich bin zufrieden hier oben und brauche sie nicht.«

Brenda Dawkins (22), Lehrerin aus Falmouth, Jamaika.

»Für die Kinder hier ist Usain Bolt natürlich ein Held. Alle wollen so sein wie er. Natürlich wird nie jemand so werden wie er, so schnell wird es keinen zweiten Bolt geben. Aber noch glauben die Kinder daran, und das ist das Wichtigste. Dass man an sich glaubt. Er dient ihnen als Beispiel, dass sie alles schaffen können. Auch wenn sie arm sind oder vielleicht in der Schule nicht sehr gut sind. Es gibt einen anderen Weg. Was ich persönlich wichtig finde, ist, dass er ihnen Freude vermittelt. Dass man das, was man tut, immer mit Freude tun soll. Ich würde also schon sagen, Usain Bolt tut unseren jungen Leuten gut, und damit dem ganzen Land und unserer Zukunft. Er ist eine Inspiration.«

Park Kang (57), Rechtsanwalt aus Daegu, Südkorea.

»Bolt ist ein unverbesserlicher Kindskopf, der in seinem ganzen Leben noch nichts anderes getan hat, als Partys feiern, Videospiele spielen und herumrennen. Das Herumrennen hat er sogar zu seinem Beruf gemacht, und er tut dies etwas schneller als andere, aber ein Vorbild ist er deshalb noch lange nicht. Mit seiner für mich nicht nachvollziehbaren Popularität besitzt er so viel Macht über die Menschen, er könnte auch neben dem Stadion etwas bewirken. Und was tut er dort? Reißt blöde Sprüche und geht in die Disco. Ich finde, er hat auch sportlich aus seinen Möglichkeiten zu wenig gemacht. Man stelle sich vor, was er mit mehr Seriosität noch hätte erreichen können. Keine Partys. Professionelleres Training. Bessere Einstellung. Er hätte eine lange Karriere wie Roger Federer machen können. Er hätte noch schneller laufen können. Und er hätte auch den Titel bei uns in Daegu nicht vergeben.«

Piotr Blaszczykowski (64), Reporter aus Warschau, Polen.

»Nachdem Bolt bei den beiden vorangegangenen Titelkämpfen jeweils mit Weltrekord überlegen gewann, war es ein Schock, als er in Daegu 2011 über die 100 Meter wegen Fehlstarts disqualifiziert wurde. Ein Schock für ihn, für Jamaika, für die ganze Sportwelt. Der 100-Meter-Lauf verkam anschließend zur Farce, wer interessierte sich schon für ein Weltmeisterschaftsrennen, bei dem der beste nicht mitlief? Plötzlich erschien die direkte

Disqualifikation nach nur einem Fehlstart allen ungerecht. Es war einfach ungerecht, wenn man Usain Bolt nicht rennen ließ, es tat allen weh.

Doch ebenso waren die Regeln allen bekannt, auch Bolt. Warum kam es beim wichtigsten Rennen des Jahres doch zum Fehlstart? Bolt war der letzte, der auf einen guten Start angewiesen war, um zu gewinnen. Wollte er eine schnelle Zeit? War er so groß geworden, so selbst- und siegessicher, dass er glaubte, vor einem Fehlstart gefeit zu sein? Oder war es einfach Unkonzentriertheit, ja Schlampigkeit, die er sich manchmal sogar leisten konnte?

Jedenfalls – es war vielleicht das einzige Mal in Bolts Karriere, in dem ihm Kritiker seine Lässigkeit unterstellen konnten.«

Maria Flores (41), Physiotherapeutin aus São Paulo, Brasilien.

»Bolts Stärke war seine Lässigkeit. Darin gleicht er den brasilianischen Fußballern. Wenn die Spaß haben und locker sind, sind sie am besten. Dann gelingt es ihnen, ihre Freude am Sport in positive Energie zu verwandeln, dann geraten sie in einen Rausch, in einen beinahe transzendenten Zustand. Umgekehrt kann es zur totalen Blockade führen, wenn die übliche Entspannung plötzlich weg ist, so wie bei unseren armen Jungs beim 1:7-Debakel gegen Deutschland, das uns allen immer noch tief in den Knochen steckt. Zu einer solchen Verkrampfung ist es bei Bolt nie gekommen – er ist, so meine ich, einer der coolsten Sportler aller Zeiten. Er hat seine Siege unter den unterschiedlichsten Umständen eingefahren: Er gewann als unbeschwerter Junge bei seinen ersten Olympischen Spielen beide Einzelrennen mit Weltrekord. Er gewann an den Weltmeisterschaften 2015 in Peking, in einer schwierigen, von Verletzungssorgen gezeichneten Saison, in der Justin Gatlin der stärkere Sprinter war. Er gewann 2016 in Rio, im Herbst seiner Karriere, die angekündigten drei Olympiagoldmedaillen, die ihn endgültig zur Legende machten.

Erst in seinem allerletzten Rennen hat er

gelernt, wie es sich anfühlt, ein wichtiges Rennen zu verlieren.«

John Kirani (39), Leichtathletik-Trainer aus Saint James Parish, Jamaika.

»Sein Landsmann Yohan Blake kam Bolt ja zuweilen ziemlich nahe. Und doch zeigt sich gerade an Blake, wie groß Bolts Schatten ist. Bolt lief die 100 Meter in seiner ganzen Karriere nur zwei Mal schneller als Blake bei seiner persönlichen Bestzeit (9.69). Über 200 Meter blieb Blake 2011 in Brüssel mit 19.26 ebenfalls unter der früheren Fabelzeit von Michael Johnson und kam bis auf 7 Hundertstelsekunden an Usain Bolt heran. Dass Blake dennoch nur einen Bruchteil von Bolts Popularität genießt, hat sicher mit den gewonnenen Titeln zu tun. Bolt kommt auf 19 Goldmedaillen bei Olympischen Spielen oder Weltmeisterschaften, Blake auf deren 4 (wovon 3 in der Staffel und 1 nach Bolts Fehlstart-Disqualifikation in Daegu). Dennoch waren Blakes Zeiten herausragend, und dass diese nicht mehr gewürdigt werden, liegt, so glaube ich, an der geradezu übermächtigen Aura von Bolt. Auch als Persönlichkeit überstrahlte er während eines Jahrzehnts alle anderen Läufer.«

Kimberly Brown (28), Ärztin aus Melbourne, Australien.

»Von den 50 Top-Zeiten der Geschichte über 100 Meter stammen 15 von Usain Bolt. Die Läufer der übrigen 35 Zeiten – Ben Johnson, Tim Montgomery, Steve Mullings, Maurice Greene, Nesta Carter, Justin Gatlin, Asafa Powell, Yohan Blake, Tyson Gay – sie alle wurden irgendwann in ihrer Karriere mit Doping erwischt! Der einzige Saubermann, der einzige Top-Läufer ohne Dopingvergangenheit ist also ausgerechnet ihr Superstar Usain Bolt. Ist das möglich? Ich bin Bolt nie begegnet und möchte mich dazu nicht aus der Distanz äußern, wie viele meiner Kollegen das tun. Auffällig ist aber, dass Bolt ganz andere körperliche Voraussetzungen mitbringt als einige seiner Vorgänger. Großgewachsene Sprinter, so hieß es einmal, seien zu langsam. Ben Johnson misst 1.78 m, Maurice Greene 1.76 m. Als der 1.95 m lange Usain Bolt kam und diese Zeiten lief, war das eine Revolution. Die ganz und gar nicht auf Muskelmasse beruhte, sondern eher auf seiner Schrittlänge. Sie sehen, jetzt äußere ich mich indirekt doch und versuche, Bolts Resultate als Leistungen zu begreifen, die durchaus ohne Dopingeinfluss erklärbar sind. Es ist ein Versuch, der sich aus der Hoffnung nährt. Was wäre, wenn sich herausstellte, dass Usain Bolt während seiner ganzen Karriere gedopt war? Man würde ihm alle Titel aberkennen, 19 Olympia- oder WM-Rennen hätten keinen Sieger, ein Jahrzehnt Sprintgeschichte müsste einfach so aus den Büchern getilgt werden. Die Leichtathletik fiele in eine tiefe Krise, ganz Jamaika erlitte Depressionen, die Sportwelt wäre erschüttert. Und Usain Bolt? Der täte auf jeden Fall gut daran, einmal im Leben ernst zu bleiben und sich einen lockeren Spruch zu sparen.«

Hans Blume (42), Sozialarbeiter aus Berlin-Pankow, Deutschland.

»Vor Bolt blickten die Sprinter immer so düster drein wie Gangsta-Rapper. Als müssten sie gleich um ihr Leben rennen. Als wäre es eine unendliche Qual, so schnell und so kräftig zu sein. Konzentriertes Testosteron, es war unerträglich. Auch nach dem Rennen setzte sich diese Blasiertheit fort. Der Sieger sah böse in die Kameras, zeigte seine furchterregenden Muskeln, und mit grimmigem Gesicht gab er Interviews, in denen er unterstrich, dass er der beste sei und niemand ihn aufhalten könne. Die Verlierer hingegen griffen sich an den Schenkel, um sich von der Niederlage freizusprechen.

Gott sei Dank betrat irgendwann Usain Bolt die Bühne und setzte dieser lächerlichen Ernsthaftigkeit ein Ende. Er schaffte, was zuvor unvereinbar schien: Er brachte den Spaß in den Sprint. Er alberte herum, siegte und alberte herum – wobei einem das Herumalbern vermutlich leichter fällt, wenn man stets gewinnt. Dennoch. In einer Sportart, die höchste

Konzentration erfordert, in der Psychokriege geführt werden und oft die mentale Vorbereitung entscheidet, ist Bolts Herangehensweise doch sehr bemerkenswert.

Ich will nicht sagen, dass er kein Poser war. Usain Bolt ist der größte Poser aller Zeiten. Seine berühmteste Pose brachte es zu Weltruhm und fand seine Nachahmer in den höchsten Amts- und Würdenträgern, vom Weißen Haus bis in den britischen Königspalast. Aber Bolt posierte meiner Meinung nach immer mit einem Augenzwinkern. Manchmal schien mir gar, Bolt nehme seine eigene Disziplin aufs Korn. Seine Auftritte wurden zur Persiflage auf die jüngere Sprintgeschichte. Wenn er also vor dem Start ebenfalls mal gestikulierte und seine Muskeln spielen ließ, lief, siegte und anschließend lachend den Bolt-Blitz vorführte, dann fasste ich das stets auf im Sinne von: Zuerst verspotte ich die Allüren von Ben Johnson und Co., danach laufe ich all diese Stümper in Grund und Boden.«

Ove Jørgensen (19), Gymnasiast aus Bergen, Norwegen.

»Ich weiß nicht, ob Usain Bolt tief im Inneren tatsächlich jener Poser ist, für den ihn alle Welt hält. Irgendwie sah ich in seinem Gesicht bei all der Show, die er für die Zuschauer abzog, stets einen etwas unsicheren Jungen aus Jamaika. Er war ein Superstar geworden, war vier Mal Weltsportler, die Leute kamen wegen ihm ins Stadion, saßen wegen ihm vor dem Fernseher. Manchmal hatte ich das Gefühl, er sah sich bei all diesem Interesse verpflichtet, der Welt mehr zu bieten als lediglich schnell zu rennen. Er war längst nicht mehr bloß ein Läufer, er war eine Ikone. Er musste mit dem Bild des Übermenschen, das man von ihm zeichnete und immer heiligere Züge annahm, stets Schritt halten. Ich kann mir gut vorstellen, dass ihn dieses Streben gegen Ende seiner Karriere zermürbte. Dieses ständige Rennen: Bolt, der ich bin, gegen Bolt, wie die Welt mich sieht. Auf jeden Fall verfügte Usain Bolt über eine sensiblere Seite, als es seine Auftritte im Stadion erahnen ließen. Im sehenswerten

Film *I Am Bolt* gefielen mir denn auch die Szenen am besten, in denen er sich nachdenklich gab – die Kluft, so schien mir, zwischen dem fröhlichen Typen aus der Karibik und mir, einem stillen Norweger, war nie zuvor so klein.«

Shamim Mehedi (78). Ziegenhirte aus Bangladesch.

»Usain Bolt, Usain Bolt … Doch, der Name sagt mir etwas.«

Demian Baldvin (33), Schriftsteller aus Freiburg, Schweiz.

»Michael Johnsons 200-Meter-Lauf im Finale der Olympischen Spiele 1996 habe ich mir – ich übertreibe nicht – bestimmt hundert Mal in der Wiederholung auf Kassette angesehen. Den Uraltweltrekord von Pietro Mennea aus dem Jahr 1979 hatte er einen Monat vor Olympia um 6 Hundertstelsekunden auf 19.66 gesenkt. Und dann lief dieser Verrückte am 1. August eine Zeit von 19.32. Noch heute bekomme ich Gänsehaut, wenn ich an den ungläubigen Aufschrei des Kommentators denke, und an das fassungslose Gesicht von Michael Johnson, als er die Wahnsinnszeit erblickte. Wie sehr die Zeit alles Bisherige auf den Kopf stellte, verdeutlichte am besten ein Blick auf den Zweitplatzierten Frankie Fredricks, der in 19.68 unter der Zeit von Pietro Mennea blieb (an der sich die Weltelite um Carl Lewis während 17 Jahren die Zähne ausbiss), von Michael Johnson aber um gefühlte Ewigkeiten distanziert wurde. Man war Zeuge eines Jahrhundertweltrekords geworden, vergleichbar höchstens mit Bob Beamons Sprung an die Neunmetergrenze 1968, und ich hätte echt meine Mutter darauf verwettet, dass Johnsons Marke zu seinen und meinen Lebzeiten niemals unterboten werden würde.

Als Usain Bolt es zwölf Jahre später doch tat, wurde ich in ein Wechselbad der Gefühle geworfen.

Michael Johnsons Weltrekord von damals war kein Jahrhundertweltrekord mehr, und Usain Bolts Weltrekord war auch kein Jahrhundertweltrekord, da er den alten ja nur um zwei Hundertstelsekunden unterbot. Die magische Nacht vom 1. August 1996 verblasste. Allerdings. Dieser Usain Bolt war ja nicht unsympathisch. Und der Leichtathletik-Anhänger besitzt ein ganz natürliches Verlangen nach Leistungen, die nie zuvor erbracht worden waren. Ich konnte diesem Teufelskerl also nicht ernsthaft für seinen Weltrekord böse sein.«

Pater Bayo Bilali (81), Priester aus Kisumu, Kenia.

»Usain St. Leo ist ein guter Junge. Sehr gläubig. Vergisst nicht, dass er alles, was er hat und ist, Gott zu verdanken hat. Es war immer wieder eine wahre Freude, einen Lauf von ihm mitzuverfolgen. Wie er demütig am Start stand. Wie er den Weg, den er gehen musste, überblickte. Und dann jeweils der Blick zum Himmel, das Kreuzzeichen, der Fingerzeig zu Gott, als Zeichen für: Ich weiß, dass du da bist, ich vertraue dir und deiner Hilfe. Was dann folgte, ließ mich manchmal – ich wage es kaum auszusprechen – beinahe an eine Inkarnation denken, an die Fleischwerdung Gottes. Mehr als einmal jedenfalls bin ich während weniger als zehn Sekunden in Ehrfurcht erstarrt und weinte anschließend ob der Größe unseres Schöpfers und des Zeichens, das er uns in Form von St. Leo gesandt hat.«

Hans Blume (42), Sozialarbeiter aus Berlin-Pankow, Deutschland.

»Was soll dieses blöde Kreuzzeichen am Start? Dachte Bolt wirklich, Gott würde ihm in jedem Rennen beistehen, und nur ihm? Ich meine, mal angenommen, Gott existierte, dann wäre er doch dafür da, Gutes zu tun, oder? Jemanden zu heilen, oder vielleicht auch zu beschützen. Aber mit Sicherheit wäre es nicht Gottes Aufgabe, zehn Jahre lang immer denselben Typen gewinnen und sieben andere immer verlieren zu lassen. Diese Ungerechtigkeit auf den Sprintbahnen betrachte ich mal als Hinweis darauf, dass es keinen Gott gibt.«

Paul Lane (23), Barkeeper aus Manchester, England.

»Bolt wollte ja immer gerne bei Manchester United Fußball spielen, und ehrlich gesagt, wenn man gesehen hat, wie sich der alternde Wayne Rooney zuletzt über den Platz bewegt hat, dann hat man sich manchmal schon nach einem Bolt gesehnt. Wenn du vorne so einen wie Bolt hast, wer weiß, vielleicht würde das den Fußball und seine Systeme völlig aus der Bahn werfen. Wobei, auf den ersten Metern war Bolt ja gar nicht mal so schnell. Gibt bestimmt Fußballer, die besser auf Touren kommen.«

Brad Torrence (38) aus Atlanta, USA.

»Usain Bolt war in seiner Jugend ja kein klassischer Sprinter. Er lief vor allem die 200 Meter und versuchte sich auch an den 400 Metern. Mit 20 Jahren hatte er immer noch kein professionelles Starttraining absolviert. Vielleicht erklärt dies ein wenig, weshalb er zuweilen etwas schleppend aus den Blöcken kam.

Wir Amerikaner sind ja seit jeher die gebo-
renen Sprinter. Vor der Dominanz Jamaikas
waren die USA die Sprint-Nation schlechthin.
Lewis, Burrell, Mitchell, Greene, Gay, Gatlin
und wie sie alle hießen, sie alle erwiesen un-
serem großartigen Land Ehre und trugen
unseren Anspruch, die schnellsten Läufer
zu sein, in die Welt hinaus. Ich selber war ja
auch einmal Sprinter. Lief die 100 Meter in
10.10. Das war nicht Weltklasse, aber es war
gar keine schlechte Zeit. Das wäre in vielen
Ländern der Welt Landesrekord. Bevor Bolt
auftauchte, galt ein Mann ja als schnell, wenn
er die 100 Meter in 10 Sekunden lief. Wenn
dann aber Bolt in Vorläufen die 100 Meter in
exakt 10 Sekunden lief, dann sah er aus wie
ein Mann beim Joggen. Es war unglaublich.
Aus der Schulzeit kannte man ja die Dominanz einzelner Athleten. Da gab es immer
wieder Typen, die ihre Konkurrenz in Grund
und Boden liefen, da sie einfach weiter ent-
wickelt waren als ihre Altersgenossen. An der
Weltspitze hingegen war der Sprint in der
Regel ein Kopf-an-Kopf-Rennen, das erst auf

den letzten Metern entschieden wurde, das manchmal so spannend war, dass erst das Zielfoto den Sieger zeigte. Dann kam Usain Bolt, und war seinen Gegnern so übermächtig, dass sie mich an die Schulbuben von damals erinnerten.«

Emmy Parker (47), Soziologin aus Johannisburg, Südafrika.

»Sprint ist Flucht. Und damit gleichbedeutend mit Überleben, ja letztlich Leben. Sprint ist Leben, und niemand verkörperte diese Gleichung anschaulicher als Usain Bolt. Wenn ich Bolt zusah, so schien mir manchmal, sah ich die Evolution. Am Start gebückt, die Hände am Boden. Dann das Losrennen, das langsame Aufrichten, das Wegrennen, den Gegnern entfliehen mit dieser archaischen Kraft, der Urkraft, die den Siegeszug jedes Lebewesens begründet, und schließlich der Zieleinlauf, vor allen anderen, vor allen Verfolgern und Gefahren, bereits mit einem Lächeln auf den Lippen.«

Wayne McMurphy (50), Verkäufer aus Toronto, Kanada.

»Der Sprint ist auf jeden Fall der König unter den Sportarten. Es ist eine der wenigen Sportarten, die nicht an den Haaren herbeigezogen wurde.

Nehmen wir mal den Sport, bei dem zwei Spieler mithilfe eines mit Nylonsaiten bespannten Schlaggeräts einen unbedingt gelben Ball über ein in der Mitte angebrachtes netzförmiges Hindernis befördern müssen, wobei der Ball stets auf einem mit Linien begrenzten Territorium (das beim Anspiel variiert wird) landen muss, allerdings auch gespielt werden darf, ohne dass er den Boden berührt, und derjenige mit 15:0 in Führung geht, dessen Gegner den Ballwechsel unterbricht.

Was für ein Schwachsinn! Abstrakter geht nicht mehr. Außer vielleicht beim Eishockey, oder beim Biathlon.

Wie entspannt liest sich da das Regelwerk des Laufens: Wer am schnellsten von hier nach da rennt, gewinnt.«

Marie-Sophie Gaillard (27), Künstlerin aus Paris, Frankreich.

»Was ist Kunst? Es ist, um es mal ganz knapp auszudrücken, das Ergebnis eines kreativen Prozesses. Und darunter verstehe ich nicht nur die Schönen Künste wie etwa die Malerei oder die Literatur, sondern durchaus auch einzelne Sportarten. Wenn ich mir etwa ein Tennisspiel ansehe, könnte ich zuweilen niederknien vor der Schönheit eines Ballwechsels. Oh ja, Roger Federer halte ich für einen der größten Künstler unserer Zeit. Wie er die Bälle an die Linien schlägt und sie dann wieder geradezu zärtlich streichelt und in vollkommenem Kreisbogen übers Netz springen lässt – große Kunst! Der Sprint allerdings ist keine Kunst. Langweilig, unspektakulär, die Leistung wird mit einer nackten Zahl ausgedrückt. Die Kreativität bleibt außen vor. Es ist mir schleierhaft, weshalb gerade ein stumpfer Sprinter zu einer unserer Ikonen emporgestiegen ist und gefeiert wird wie jemand, der dem, was er tut, eine neue Dimension hinzugefügt hatte.«

Brenda Dawkins (22), Lehrerin aus Falmouth, Jamaika.

»Ich mache mir Sorgen darüber, wie es mit Usain jetzt weitergeht. Was er nach seiner Karriere macht. Gibt es eigentlich eine Frau in seinem Leben? Oder nur noch Partys? Ich hoffe, dass ihn das Nichtstun schnell ermüdet. Ein Idol wie Usain darf nicht nur an sich denken, er trägt nun die Verantwortung eines Nationalhelden. Er soll weiterhin ein Vorbild bleiben. Und er soll schauen, dass sobald wie möglich kleine Usains herumrennen, die uns einmal ebenso stolz machen können wie ihr Vater.«

Bo Li (38), Koch aus Peking, China.

»Als Bolt 2008 in Peking Weltrekord lief, drehten wir völlig durch. 9.69! Eine schwindelerregende Zahl. Und total surreal wurde es dann, als wir uns die Zeitlupe ansahen. Der Typ hatte bei einem Schuh offene Schnürsenkel! Und bereits 20 Meter vor dem Ziel breitete er die Arme aus und ließ den Lauf ausklingen. Er war nicht von dieser Welt.«

Abdul Rehan (31), Mathematiker aus Karadschi, Pakistan.

»Wer beim Start über die 100 Meter eine Reaktionszeit von weniger als einer Zehntelsekunde aufweist, wird des Fehlstarts beschuldigt und disqualifiziert, da man in der Wissenschaft davon ausgeht, dass der Mensch nicht in der Lage ist, innerhalb einer Zehntelsekunde auf einen Impuls zu reagieren. Das hieße also, wenn jemand bei 0.08 Sekunden nach dem Startschuss aus den Blöcken preschte, hätte er sich bereits mindestens 0.02 Sekunden vor dem Startschuss entschieden, zu starten, und der zufälligerweise fast zeitgleich, aber eben doch nachträglich erfolgte Startschuss hätte ihm nur den Anschein eines perfekten Starts gegeben.

Usain Bolt startete seinen Weltrekordlauf 2009 in Berlin mit einer Verspätung von 0.15 Sekunden, womit er 5 Hundertstel am Start liegen ließ. Bolt hätte seine Rekordzeit also mit einer besseren Reaktion von 9.58 auf 9.53 runterschrauben können.

Nimmt man nun als Startpunkt nicht jenen

Moment, in dem die Uhr zu laufen begann, sondern den Moment, in dem Bolt losrannte, lässt sich sagen, dass er die 100 Meter gar in 9.43 zurückgelegt hat.

Andererseits. Wäre er nur 5 Hundertstel früher gestartet, hätte der Sensor einen Fehlstart angezeigt – und das Rennen wäre für ihn bereits Geschichte gewesen, noch bevor es in die Geschichte eingehen konnte ...«

Emmy Parker (47), Soziologin aus Johannisburg, Südafrika.

»Vielleicht war Bolt deshalb überall so beliebt, weil er eine Zeitlang völlig konkurrenzlos war und gar nicht gegen seine Gegner lief. Er war nicht der Jamaikaner, der sich mit Amerikanern und Kanadiern maß. Er war der Mensch, der sich mit der Zeit maß. Er war einer von uns allen, der schnellste unter uns Menschen, und wir wünschten uns, dass er unsere Art weiterbrachte. Wir wollten immer mehr. Wenn es um Weltrekorde geht, spielen Nationen keine Rolle mehr. Das Streben nach menschlichen Bestleistungen eint die Völker und Länder – mehr kann man vom Sport oder von einem einzelnen Sportler doch nicht verlangen, oder?«

Demian Baldvin (33), Schriftsteller aus Freiburg, Schweiz.

»Ein Schriftsteller hätte Bolt und seinen Werdegang nicht besser erfinden können. Das beginnt schon bei seinem Namen – welchen besseren Namen könnte ein Sprinter tragen als jenen, der »Pfeil« oder »Blitz« bedeutet? Und es endet mit der Niederlage im letzten Rennen seiner Karriere an den Weltmeisterschaften 2017, die aus dem Übermenschen wieder einen Menschen macht und seine Geschichte vom Kitsch befreit. Bolt wäre die Vorlage für einen perfekten Roman, insofern scheint es nicht verwunderlich, dass er in Form von Gott selber an einen Drahtzieher glaubte, der über seine Geschicke bestimmte.

Nach Usain Bolts Rücktritt stand für mich fest, dass ich ihm eine kleine Ehre erweisen wollte, eine kleine Hommage. Sollte ich eine Biografie über ihn schreiben? Oder eben diesen perfekten Roman, der sich in Wahrheit bereits abgespielt hatte? Dafür fehlte mir eigentlich die Zeit, außerdem wusste ich nicht, ob die lange Form diesem schnellen und ungeduldigen Menschen gerecht werden konnte. Eine Reportage vielleicht? Um die Welt fliegen und die unterschiedlichsten Leute nach ihm befragen? Dafür fehlte mir nebst der Zeit auch das Geld. Also entschied ich, Usain Bolt einfach als Inspiration zu betrachten ...«

Raj Ghosh (58), Astrophysiker aus Jaipur, Indien.

»Ich bin ja auch ein Bewunderer von Usain Bolt. Als Physiker war auch ich beeindruckt, wie Bolt scheinbare Grenzen gesprengt hat. Und dennoch. Wenn ich sehe, welche Erwartungen er selber und die Welt an sein Andenken haben, werde ich ein wenig traurig. Denn Usain Bolt ist nicht unsterblich. Seine Olympiasiege und seine Weltrekorde sind nicht für die Ewigkeit. All die Superlative, die er aufgestellt hat, werden ihr Ende haben in zirka einer Milliarde Jahren, wenn das Leben auf der Erde zuneige geht. Oder wie Nietzsche ungefähr sagte: Es gab Ewigkeiten, in denen wir nicht waren, und wenn es wieder mit uns vorbei ist, wird sich nichts begeben haben. Uns erwartet also nicht nur die Zeit, in der Usain Bolt nicht mehr läuft, sondern auch eine Zeit, in der er nie gelaufen sein wird. Das macht mich traurig.«

Shamim Mehedi (78). Ziegenhirte aus Bangladesch.

»War das der Mann, der schnell rennen konnte? Der schnellste Mann der Welt? Und doch niemals so schnell wie meine Ziegen. Warum kennt ihn die ganze Welt? Warum spricht man über ihn, wo man ihn doch gar nicht richtig kennt. Lassen wir den Mann doch in Frieden.«

Usain Bolt (31), Sprinter aus Sherwood Content, Jamaika.

»Ich bin eine Legende.«